Rotraut Susanne Berner

ZU HAUSE IN WIMMLINGEN

GERSTENBERG

SO EIN HAUS IST ZWAR AUS STEINEN
UND STEHT SONST IM ALLGEMEINEN
ZIEMLICH LEBLOS UND AUCH STUMM
IN DER GEGEND DUMM HERUM.
DOCH DIESES HAUS, DAS WIRD GLEICH KLAR,
IST EIN BESONDRES EXEMPLAR.

NUR SCHADE, DASS MAN DANN UND WANN
NICHT DURCH DIE MAUERN SEHEN KANN.
DRUM HABEN WIR HIER MIT BEDACHT
DIE MAUERN EINFACH WEGGEMACHT.
NOCH IST ES DÄMMRIG, DOCH MAN SIEHT,
WAS UNTERM WOHNHAUSDACH GESCHIEHT:

HOCH AUS DEM SPEICHER EIN UND AUS
FLIEGT IN DER NACHT DIE FLEDERMAUS.
SIE SCHEUT DAS LICHT, DAS SIE NICHT MAG,
UND SCHLÄFT DARUM DEN GANZEN TAG.

FRAU SIEBENSCHLÄFER SITZT IM TRAUM
NOCH IMMER AUF DEM KIRSCHENBAUM.
SIE HAT DIE SOMMERNACHT GENUTZT
UND EIN PFUND KIRSCHEN WEGGEPUTZT.

GANZ OBEN HIER, GLEICH UNTERM DACH,
WIRD LENE JEDEN MORGEN WACH,
WENN VATER THOMAS, ARCHITEKT,
SIE TÄGLICH GEGEN ACHT UHR WECKT.

UND NIKO, LENES PAPAGEI,
HILFT IHM DABEI MIT VIEL GESCHREI.
DENN HEUT IST FLOHMARKT IN DER STADT,
UND WAS VERKAUFT WIRD, STEHT PARAT.

DARUNTER WOHNEN HERRSCHAFTLICH
ANDREA UND IHR FRIEDERICH.
ANDREA WÄSCHT UND MÄHT, KOCHT EIN

UND FRIEDRICH MACHT DEN FÜHRERSCHEIN.
ZUSAMMEN ZÜCHTEN SIE MIT FLEISS
DEN KÜRBIS FÜR DEN ERSTEN PREIS.

AUCH IM PARTERRE, IM ERDGESCHOSS,
IST HEUTE RICHTIG SCHON WAS LOS.
DENN OLIVER HAT EINEN PLAN:
ER STREICHT DIE WÄNDE GANZ NEU AN!
SEIN FREUND, DER BERND VON NEBENAN,
HILFT IHM: DANN GEHT ES SCHNELL VORAN.

TANJA UND BABY BARBARA
UND AUCH DIE KATZE MONIKA
MACHEN HEUTE VOR DEM HAUSE
IM GARTEN IHRE MITTAGSPAUSE.
LINUS, DER SCHON GEGESSEN HAT,
GEHT MIT ZUM FLOHMARKT IN DIE STADT.

IN DIESEM HAUS HERRSCHT NIEMALS RUH
UND SO GEHT'S AUCH IM GARTEN ZU:
WENN'S WÄRMER WIRD, ZUR SOMMERZEIT,
DANN SCHWÄRMEN SIE VON WEIT UND BREIT,
UM SICH SO RICHTIG VOLLZUFRESSEN,
DENN HEUTE IST GUT KIRSCHEN ESSEN!

DIE KINDER SCHAUKELN UM DIE WETTE
UND LINUS GEHT IM ZELT ZU BETTE.
EICHHÖRNCHEN, IGEL UND DIE SCHNECKE
SCHAUN GERN AM ABEND UM DIE ECKE.
EIN WASCHBÄR, JA MAN GLAUBT ES KAUM,
DER WÄSCHT SICH UNTERM KIRSCHENBAUM!

UND NACHTS, WENN'S DUNKEL WIRD UND STILL,
DANN KONTROLLIERT HERR FUCHS DEN MÜLL.
ES SCHIMMERT NOCH EIN LICHT IM DUNKELN

UND EIN PAAR GELBE AUGEN FUNKELN.
DANN WIRD DIE LAMPE AUSGEMACHT
UND ALLE SAGEN: GUTE NACHT!

Im Wohnhaus in Wimmlingen ist immer etwas los! In der Morgendämmerung treffen sich unterm Dach Fledermäuse und Siebenschläfer, um den Tag zu verschlafen. Gleich darunter, im Dachgeschoss, wecken Thomas und Niko gemeinsam Lene. Im ersten Stock wohnen Andrea und Friedrich. Sie wollen nach der Gartenarbeit noch Marmelade einkochen. Im Erdgeschoss werden die Wände neu gestrichen, die Kinder und die Katzen spielen im Garten, und wenn es dunkel wird in Wimmlingen, dann sagen sich dort Fuchs, Waschbär und der Igel gute Nacht!

Andrea muss mal wieder den Rasen mähen.

Monika und Mingus spielen mit ihrem Lieblingsball.

Friedrich kümmert sich um die durstigen Pflanzen.

Thomas sammelt alles für den Flohmarkt ein.

Bernd hilft Oliver beim Renovieren.

Tanja ist mit Barbara den ganzen Tag im Garten.

Lene und Niko schaukeln nach dem Abendessen unterm Apfelbaum.

Linus macht es sich in seinem Zelt gemütlich.

2. Auflage 2023

Druck und Bindung: Sachsendruck, Plauen
Umweltfreundlich produziert ohne Folie und UV-Lack

Weitere Titel von Rotraut Susanne Berner und mehr über Wimmlingen und seine Bewohner findest du unter:
www.gerstenberg-verlag.de
www.wimmlingen.de

GERSTENBERG

Gerstenberg Verlag GmbH & Co. KG
Rathausstraße 18–20
D-31134 Hildesheim

www.gerstenberg-verlag.de
ISBN 978-3-8369-**6220**-9
9 783836 962209
15,00 € (D)